이웃 나라 일본은 섬나라야.
대륙과 뚝 떨어진 채 개성 있는 역사를 만들어 간
일본에는 천황과 쇼군, 다이묘와 사무라이가 있었어.
그들이 누구인지 만나러 가 보자.

천황과 무사의 나라
일본

박혜정 글 | 김옥재 그림

휴먼어린이

이웃 나라 일본에 가 본 적 있니?
일본에 가기 위해서는 비행기나 배를 타야 해.
기차를 타거나 걸어서는 갈 수 없어. 일본은 섬나라거든!
하지만 아주 아주 아주 먼 옛날에 중국과 한반도,
일본의 섬들이 땅으로 이어져서 사람들이 걸어 다니던 때가 있었어.
날이 몹시 추워서 바닷물도 꽁꽁 얼어붙던 옛날의 이야기야.

땅으로 연결되어 있던 한반도와 일본의 섬들을
매머드, 털코뿔소, 큰뿔사슴 같은 동물들이 걸어 다니던 그 옛날,
사람들도 그 길을 함께 걸어 다녔다니, 신기하지?
하지만 날이 조금씩 따뜻해지면서 세상을 뒤덮고 있던 얼음이 녹아내렸어.
바닷물이 점점 높아지더니 한반도와 일본을 연결하던 낮은 땅들을 덮어 버렸고,
일본은 지금처럼 바다로 둘러싸인 섬나라가 되었지.

섬나라 일본은 네 개의 큰 섬과 수많은 작은 섬들로 이루어져 있어.
그중 가장 큰 섬의 이름은 '혼슈'야.
혼슈는 우리가 사는 한반도의 크기와 비슷해.

혼슈에는 일본의 수도인 **도쿄**가 있어.
우리나라의 서울 같은 곳이지.
서울의 옛 이름이 '한양'이었던 것을 알고 있니?
도쿄도 옛날에 불리던 이름이 따로 있는데, 그 이름은 '에도'야.
에도-도쿄, 기억할 수 있겠지?

교토
오사카
나라

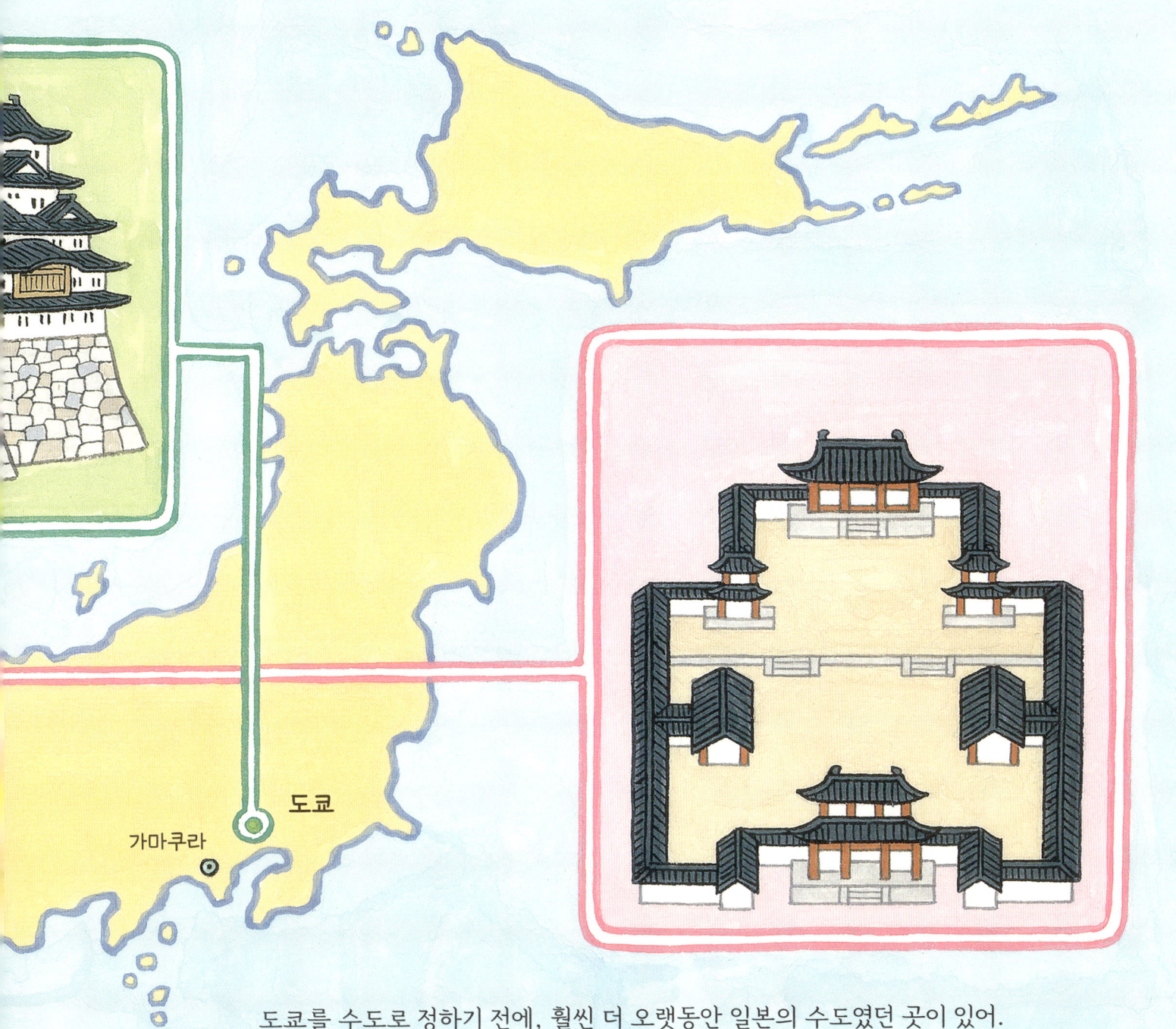

도쿄를 수도로 정하기 전에, 훨씬 더 오랫동안 일본의 수도였던 곳이 있어.

그곳은 **교토**야. 교토는 천 년이라는 긴 시간 동안 일본의 수도였어.

교토도 '헤이안쿄'라는 옛 이름이 있었지.

헤이안쿄-교토, 기억해 두자!

섬나라 일본에는 좋은 점이 몇 가지 있어.
물고기나 소금처럼 바다에서 얻을 수 있는 것들이 많아.
바다로 둘러싸여 있어서 다른 나라가 함부로 쳐들어올 수도 없지.
하지만 지금까지 활동하는 화산들이 많은 섬이기도 해.
지진도 자주 일어나는 편이고, 여름에는 태풍이 세차게 불지.

일본 사람들은 손길과 발길이 닿는 곳마다
신이 깃들어 있다고 생각하며 제사를 지냈어.
태양과 달, 하늘과 바다, 비와 바람 그 모든 것이 소중하지만
일본 사람들이 가장 특별하게 여긴 것은 태양이야.
일본을 세운 것도 태양신의 손자라고 생각했지.
자신들의 왕이 태양신의 후손이라 믿으며 특별하게 **천황**이라고 불렀어.

천황이 일본을 다스릴 무렵,
바다 건너 한반도에는 고구려, 백제, 신라 세 나라가 발전하고 있었어.
세 나라는 중국의 앞선 문물을 받아들이면서도
각자의 문화를 발전시키며 개성 있는 나라를 만들어 나갔지.
백제와 고구려 사람들은 일본에 건너와서 새로운 문물을 전하기도 했어.
그러면서 유교와 불교가 일본에 알려졌던 거야.

유교에서는 이렇게 가르쳐.

'부모가 가족을 돌보고 사랑하듯, 왕도 백성을 보살피고 아껴야 한다.'

유교 경전을 공부하는 데 필요한 한자도 이때 함께 전해졌어.

훗날 일본 사람들은 한자를 활용해서 자신들의 글자를 만들게 되었지.

불교에서는 또 이렇게 가르쳐.

'왕은 부처님과 같아서 부처님을 따르듯 왕을 따라야 한다.'

절을 짓고 불상을 만드는 데 필요한 기술도 함께 전해졌어.

일본 사람들은 원래부터 믿던 자연신들과 더불어 부처님도 믿게 돼.

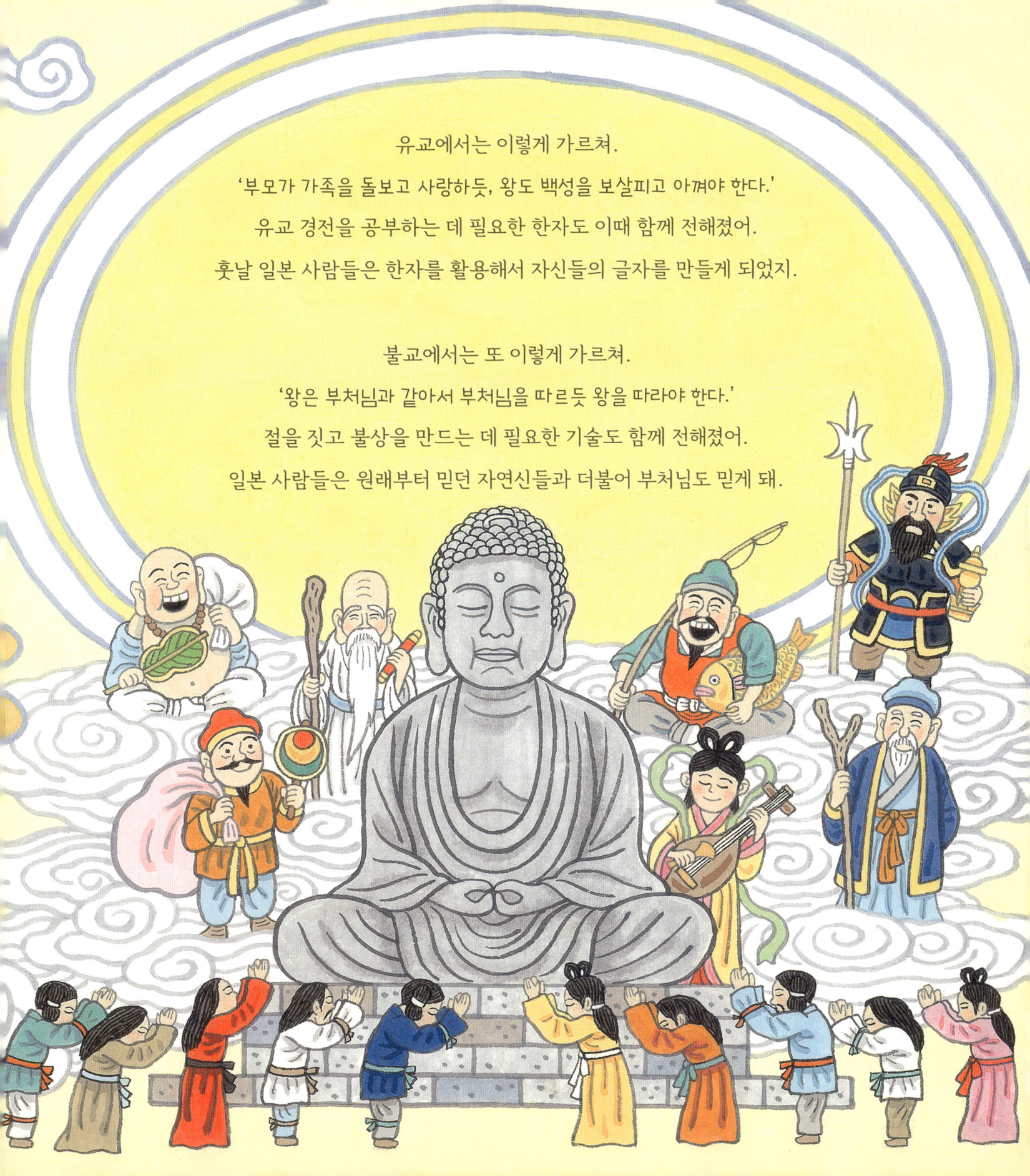

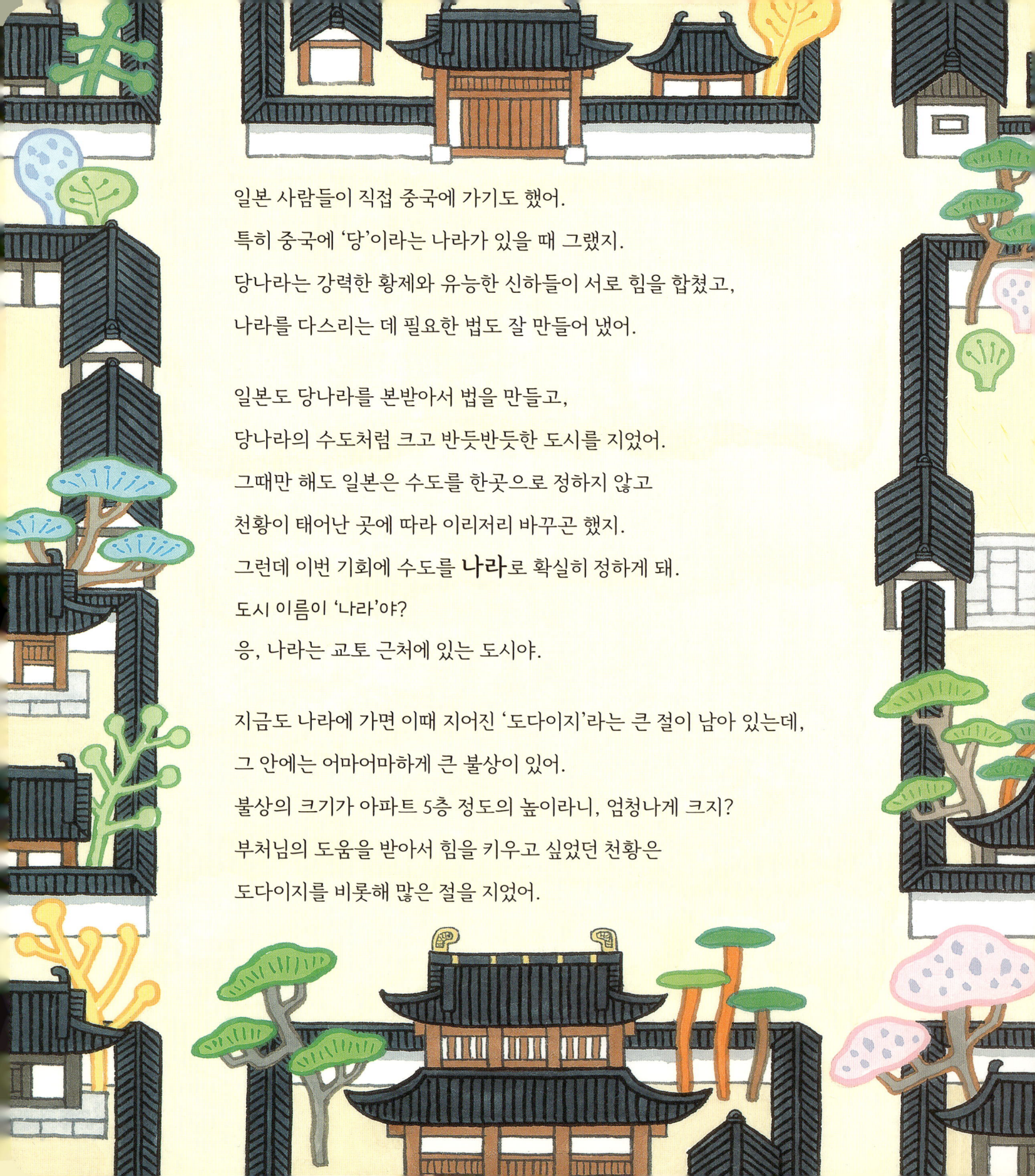

일본 사람들이 직접 중국에 가기도 했어.
특히 중국에 '당'이라는 나라가 있을 때 그랬지.
당나라는 강력한 황제와 유능한 신하들이 서로 힘을 합쳤고,
나라를 다스리는 데 필요한 법도 잘 만들어 냈어.

일본도 당나라를 본받아서 법을 만들고,
당나라의 수도처럼 크고 반듯반듯한 도시를 지었어.
그때만 해도 일본은 수도를 한곳으로 정하지 않고
천황이 태어난 곳에 따라 이리저리 바꾸곤 했지.
그런데 이번 기회에 수도를 **나라**로 확실히 정하게 돼.
도시 이름이 '나라'야?
응, 나라는 교토 근처에 있는 도시야.

지금도 나라에 가면 이때 지어진 '도다이지'라는 큰 절이 남아 있는데,
그 안에는 어마어마하게 큰 불상이 있어.
불상의 크기가 아파트 5층 정도의 높이라니, 엄청나게 크지?
부처님의 도움을 받아서 힘을 키우고 싶었던 천황은
도다이지를 비롯해 많은 절을 지었어.

어머나, 절을 짓느라 너무 많은 돈을 써 버렸어.
스님들이 이래라저래라 나랏일에 간섭하기도 해.
천황 자리를 두고 다툼은 또 얼마나 자주 벌어졌는지 몰라.
평안한 날이 없고 혼란스러운 날들이 계속되자,
새로운 천황은 새로운 곳에서 새롭게 시작하고 싶었지.
그래서 수도를 옮기는데 그곳이 바로 **교토**야.
교토는 이때부터 천 년이 넘는 긴 시간 동안 천황이 머무르는 수도가 돼.

あ か さ た な は ま や ら わ
い き し ち に ひ み   り を
う く す つ ぬ ふ む ゆ る ん
え け せ て ね へ め   れ
お こ そ と の ほ も よ ろ 　

교토의 옛 이름을 기억하니? 그래, 헤이안쿄!
그래서 이때를 **헤이안 시대**라고 불러.
헤이안 시대는 일본의 고유한 문화가 발전하던 때야.
한자를 활용해서 일본의 글자인 '가나' 문자를 만들었고,
일본의 개성이 드러나는 건물이 곳곳에 지어졌어.

헤이안 시대에 아주 유명한 귀족이 있었어.
바로 **후지와라 미치나가**라는 사람이야.
'후지와라'라는 성을 가진 가문에, 이름이 '미치나가'인 거야.
일본 사람들의 이름은 길고 복잡한 편이지.

후지와라 미치나가는 큰딸을 천황에게 시집보내고,
작은딸은 그다음 천황에게 시집보냈어.
막내딸은 천황의 아들과 결혼시켰지.
딸들을 천황과 혼인시킨 후지와라 가문은
천황을 옴짝달싹 못 하게 하면서 나랏일을 쥐락펴락했어.

후지와라 같은 귀족 가문은 어마어마한 땅과 재산을 갖고 있었어.

"내 재산을 누가 훔쳐 가면 어쩌지?
내게 불만을 가진 자가 내 목숨을 노리면 어쩌나?
위험으로부터 날 지켜 줄 사람이 필요해!"

귀족들을 보호해 주겠다며 나서는 사람들이 새롭게 등장했어.
무술이 뛰어나고 무기를 잘 다루는 **무사**가 바로 그런 사람들이야.

무사를 일본 말로는 '사무라이'라고 불러.
사무라이 세력이 점차 힘을 키워 나가더니
결국 귀족까지 몰아내고, 자기들끼리 힘겨루기를 하게 되었지.

몇몇 무사 가문 사이에서 큰 전쟁이 벌어졌고,
새롭게 권력을 잡은 것은 미나모토 가문이야.
미나모토 가문을 승리로 이끈 사람은 **미나모토 요리토모**였지.
미나모토 요리토모는 천황이 살던 교토에서 멀리 떨어진 '가마쿠라'라는 곳에
무사들이 다스리는 새로운 정부를 만들기로 했어.

앗, 그러면 교토에 있는 천황은 어떻게 된 거야?

천황은 천황대로 교토에 머물면서 제사 지내는 일을 맡았어.

하지만 나랏일에 간섭할 수는 없었지.

나라를 다스리는 것은 가마쿠라에 있는 무사들이었어.

무사들을 이끄는 최고 장군을 **쇼군**이라고 해.

가마쿠라에 있는 쇼군이 일본을 다스리는 시대가 시작되었어.

그러던 어느 날, 가마쿠라의 쇼군에게 편지가 한 통 도착했어.
칭기즈 칸의 손자이자 중국 원나라 황제인 쿠빌라이 칸이 보낸 편지였지.

"온 세상이 몽골 제국에 정복되었으니,
일본도 무릎을 꿇고 사신과 선물을 보내라!"

쇼군은 몽골의 요구를 무시하고 답장도 보내지 않았어.
일본의 무사들은 몽골에 맞서 싸울 준비를 했지.

몽골군은 한반도의 고려 사람들까지 데려와서 배를 타고 바다를 건넜어.
일본 해안가에 무사히 도착하는가 싶었지만, 곧 강력한 태풍이 불어닥쳤지.
몽골군은 제대로 싸우지도 못하고 물러서야 했어.
이런 일이 두 차례나 벌어졌지 뭐야.
일본 사람들은 이 태풍을 신의 선물이라고 여겼고,
신이 보내 준 바람이란 뜻으로 '가미카제'라고 부르며 신께 감사했어.

섬나라 일본은 외국의 침입을 받을 일이 거의 없었어.
대신 쇼군은 이런 일에 신경 써야 했지.

"쇼군에게 도전하는 무사들은 없는가?
혹시 천황이 힘을 키우며 쇼군의 권력을 탐내지 않는가?"

아니나 다를까, 가마쿠라의 쇼군보다 더 힘을 키운 무사 세력이 등장했어.
가마쿠라의 쇼군에게 도전해서 새롭게 승리를 거둔
아시카가 가문이 가마쿠라의 무사 정부를 무너뜨렸어.
그리고 교토 근처의 '무로마치'라는 곳에서 새로운 무사 정부를 열었지.
그 모습을 지켜보던 지방 무사들은
'어라, 힘이 세지면 쇼군을 몰아낼 수도 있구나!'라고 생각하며
점, 점, 점, 점 더 힘을 키워 나갔어.

지방을 다스리는 무사들을 **다이묘**라고 해.
쇼군이 임명하고, 쇼군에게 충성을 바치는 사람들이었지.
하지만 무로마치 정부의 힘이 그다지 강하지 않자,
다이묘들은 점차 땅을 더 넓히고 제각각 힘을 키워 나갔어.
'내 땅을 지켜야 해!' 또는 '나보다 약한 다이묘를 정복해 볼까?'
이런 생각을 가진 다이묘들 사이에 전쟁이 자주 벌어졌어.

이 시대를 전국 시대라고 불러. 일본 말로는 **센고쿠 시대**라고 해.
세력이 큰 다이묘들을 '센고쿠 다이묘'라고 불렀거든.
일본의 전국 시대는 100년 정도 계속되었어.
센고쿠 다이묘들 가운데 가장 힘이 센 사람은 **오다 노부나가**였어.
전국 시대를 끝내고 일본을 통일하는 것이 오다 노부나가의 목표였지.

오다 노부나가의 이야기를 하기 전에 먼저 만나 볼 사람들이 있어.

일본 해안가에 낯선 사람들이 도착했거든. 바로 포르투갈 상인들이야.

포르투갈이라고? 응, 이 무렵 유럽의 포르투갈 상인들은

아프리카를 넘고, 인도를 지나, 중국을 거쳐, 이제는 일본까지 찾아왔어.

포르투갈 상인들에게는 신기한 물건이 많았는데,

특히 일본 사람들의 마음을 사로잡은 물건이 하나 있었지.

화약을 넣고 심지에 불을 붙인 후 방아쇠를 당기면,

"빵!" 하고 쏘아지며 목표물을 정확하게 맞추는 조총이

바로 그 물건이었어.

오다 노부나가는 조총을 전쟁에 적극적으로 이용했어.
조총 부대를 활용하며 힘센 다이묘들을 무찔러 나갔지.
일본의 거의 모든 지역을 손아귀에 넣고
혼란스러운 전국 시대를 이제 막 끝내는가 싶던 그때,
오다 노부나가는 부하의 공격을 받아서 그만 죽고 말았어. 어이쿠!

오다 노부나가가 죽었다는 소식을 듣고 가장 발 빠르게 움직인 사람은
도요토미 히데요시야. 오다 노부나가의 인정을 받던 부하 중 한 사람이었지.
도요토미 히데요시는 경쟁자들을 물리치고 오다 노부나가의 자리를 차지했어.
그리고 오다 노부나가가 미처 정복하지 못했던
일본 서쪽 끝의 다이묘까지 정복하면서 전국 시대를 끝냈지.

도요토미 히데요시는 자신의 힘을 온 천하에 알리고 싶었어.
교토와 멀지 않은 '오사카'라는 도시에 크고 화려한 성을 지었지.
오사카는 교통이 편리하고 상업이 발달한 곳이었거든.
전국에 있는 토지를 조사해서 세금을 걷고,
농민들은 농촌에, 무사와 상인들은 도시에 머무르게 하는 법도 만들었어.

일본을 장악한 도요토미 히데요시는 다른 나라까지 넘보았어.

"전쟁에 공이 있는 무사들에게 나누어 줄 새로운 땅이 필요하다.
한반도를 거쳐서 중국을 공격한 뒤 그 땅을 차지해야겠다.
일본의 무사들은 전국 시대를 거치며 전쟁 경험을 많이 쌓은 데다,
저들에게 없는 조총까지 갖고 있지 않은가!"

도요토미 히데요시의 명령으로 일본군이 한반도의 조선을 침략했어.
이렇게 시작된 전쟁이 **임진왜란**이야.

처음 전쟁이 시작되었을 때만 해도 모든 게
도요토미 히데요시의 뜻대로 흘러가는 것 같았어.
일본군은 어렵지 않게 부산을 점령하고, 조선의 수도 한양까지 금세 쳐들어갔지.
하지만 이순신을 비롯한 조선의 군인과 의병들이 활약하고,
중국의 명나라가 조선을 돕기 위해 군대를 보내기도 하면서
일본군의 계획은 완전히 틀어지고 말았어.
그러던 중 도요토미 히데요시가 사망했다는 소식이 전해지자,
일본군은 물러나기로 했지. 결국 큰 피해와 상처만 남기고 전쟁이 끝났어.

전국 시대 통일을 눈앞에 두고 오다 노부나가가 죽고,
임진왜란이 벌어지던 때에 도요토미 히데요시까지 죽었어.
그 빈자리를 차지하고, 이후 일본을 안정적으로 이끌게 될 사람은
도쿠가와 이에야스야. 도쿠가와 이에야스도 오다 노부나가의 부하였지.
오다 노부나가에게는 능력 있는 부하들이 많았네.
물론 배신자도 있었지만 말이야.

도요토미 히데요시가 임진왜란을 벌였을 때
도쿠가와 이에야스는 전쟁에 참여하지 않았어.
그리고 교토와 멀리 떨어진 에도에서 차근차근 자신의 힘을 키워 나갔지.
에도가 어디인지 기억나니? 맞아, 지금 일본의 수도인 도쿄야.
에도는 이때까지 작은 어촌 마을이었는데,
도쿠가와 이에야스가 도시를 발전시키면서 일본의 새로운 중심지가 되었지.
도쿠가와 이에야스는 새로운 쇼군이 되었고,
에도에서 새로운 정부를 열었어.
이렇게 **에도 시대**가 시작된 거야!

에도 시대를 연 도쿠가와 이에야스는
무사들이 싸움으로 활약하는 시대는 끝났다고 생각했어.
무사들은 이제 학문에 힘쓰고, 나라를 다스리는 관리가 되어야 했어.
지방을 다스리는 다이묘들의 힘이 세지는 것도 막아야 했지.
쇼군은 다이묘들에게 이렇게 명령을 내렸어.

"다이묘는 자신이 다스리는 지역에서 1년간 지내다가
그다음 1년은 에도에서 일하도록 하라!
또한 다이묘의 가족들은 늘 에도에 머물러야 한다."

지방의 다이묘들은 큰 규모의 행렬을 거느리면서
2년에 한 번씩 에도로 와야 했어. 번거로운데다 돈이 많이 드는 일이었지만,
다이묘의 행렬을 따라 길이 만들어지고, 숙박 시설과 식당, 상점이 생겨났어.
전국의 상인들이 이 길로 다니면서 에도는 중심지가 되었고,
에도의 발달한 문화가 일본 구석구석까지 퍼지면서 함께 발전했지.
다이묘를 감시하기 위해 만든 제도가 뜻밖의 효과를 거두었던 거야.

에도 시대의 도시와 시장은 물건을 사고파는 사람들로 북적였어.
다른 나라 상인들도 일본과 무역을 하고 싶어 했지.
그중에는 서양 상인들도 있었지만, 에도의 쇼군은 그들을 싫어했어.
서양인들은 물건만 파는 게 아니라 자신들의 종교까지 퍼트리기 일쑤였거든.
일본의 항구에 서양의 상인들이 드나들지 못하도록 막았지만
단 하나, 예외가 있었어. 종교를 퍼트리지 않겠다고 약속한 네덜란드 상인들이야.
네덜란드 상인들은 유럽의 소식이나 기술을 일본에 전했고,
일본의 도자기를 유럽에 팔면서 큰돈을 벌었어.

그러던 어느 날, 뿌움뿌움!

큰 소리를 내며 증기를 내뿜는 낯선 배가 에도 앞바다에 도착했어.

무시무시한 대포까지 설치된 그 배는 미국에서 온 배였지.

배에서 내린 미국 장군은 에도의 쇼군에게 미국 대통령이 쓴 편지를 전했어.

미국 상인이 일본의 항구에서 마음껏 장사를 할 수 있게 해 달라는 내용이었지만,

실제로는 협박이었지. 일본은 미국의 요구를 받아들였을까?

아니면 미국에 맞서 전쟁을 준비했을까?

과연, 일본의 앞날은 어떻게 될까?

나의 첫 역사 여행

일본의 천 년 수도, 교토

교토 고쇼

우리나라에 통일 신라와 발해라는 나라가 있던 무렵,
일본의 간무 천황은 교토를 새로운 수도로 정했어.
794년의 일이었지. 그 후, 1868년에 수도를 도쿄로 옮길 때까지
일본의 수도였던 곳이 교토야.
천 년이 넘는 긴 시간 동안 일본 천왕이 이곳에 머물렀던 거지.
일본 천황의 힘은 다른 나라의 황제나 왕만큼 강하지 않았어.
처음에는 귀족들의 힘이 더 셀 때가 많았고,
나중에는 무사 출신인 쇼군의 힘이 더 세졌지.
천황에게는 실제로 나라를 다스리는 힘이 없었거든.
하지만 중요한 순간에 일본 사람들을 하나로 모으는 역할을 했지.
일본 천황이 머물면서 나랏일을 살폈던 곳이 교토 고쇼야.
원래는 특별한 허가가 없으면 들어가기 어려운 곳이었는데,
2016년 이후로 일반 관광객들도 출입이 가능해졌어.

천황의 즉위식이 열리던 교토 고쇼의 시신덴

금각사

금박을 입힌 3층 누각 킨카쿠

무사들이 일본을 다스리던 때, 쇼군의 정부를 '막부'라고 해. 일본의 첫 번째 막부인 가마쿠라 막부를 무너뜨리고 새로운 막부를 세워 권력을 잡은 것은 아시카가 가문이야. 아시카가 가문의 3대 쇼군인 아시카가 요시미쓰가 은퇴 후에 머물기 위해 별장으로 지었다가 이후에 불교 사찰로 바뀐 곳이 바로 금각사야. 금각사에 가면 금박으로 덮인 화려한 누각이 있어. 맨 처음에 지어졌던 건물은 1950년에 불타 버렸고, 지금 볼 수 있는 건물은 1955년에 다시 지은 것이지.

니조성

길고도 혼란스러웠던 일본의 전국 시대를 끝내고, 새롭게 에도 막부를 연 것은 도쿠가와 이에야스야. 에도 막부의 중심지는 당연히 에도(도쿄)였지만, 도쿠가와 이에야스는 쇼군이 한 번씩 들러서 머물 수 있는 성을 교토에도 짓게 했어. 그 성이 바로 니조성이지. 천황이 머무르는 궁궐보다 훨씬 더 호화롭게 지어서 천황의 권력보다 훨씬 센 쇼군의 힘을 자랑했다고 해. 성을 둘러싼 물길인 해자를 이중으로 만들고 성벽을 높게 지었지. 실제로 이곳은 단 한 번의 공격도 받은 적이 없대.

니조성 안에 있는 니노마루 궁전

니조성 해자 모퉁이에 설치된 망루

나의 첫 역사 클릭!

독특한 일본 문화를 꽃피운 에도 시대

1603년 도쿠가와 이에야스가 새로운 쇼군이 되고, 새로운 막부를 열게 되었어.
에도(도쿄)를 중심지로 정한 막부라서 '에도 막부'라고 부르지.
에도는 쇼군이 다스리고 그 외의 지방은 다이묘들이 다스리게 했는데,
지방의 다이묘들이 힘을 키우고 쇼군에게 도전하면 큰일이잖아?
그래서 쇼군은 다이묘를 관리하기 위한 여러 법과 제도들을 만들어 냈어.
그중에 가장 대표적인 것이 산킨코타이 제도야.
산킨코타이 제도에 따르면 다이묘의 부인과 장남은 에도에서 계속 지내야 했고,
다이묘들은 2년 중 1년은 반드시 에도에서 머물러야 했어.

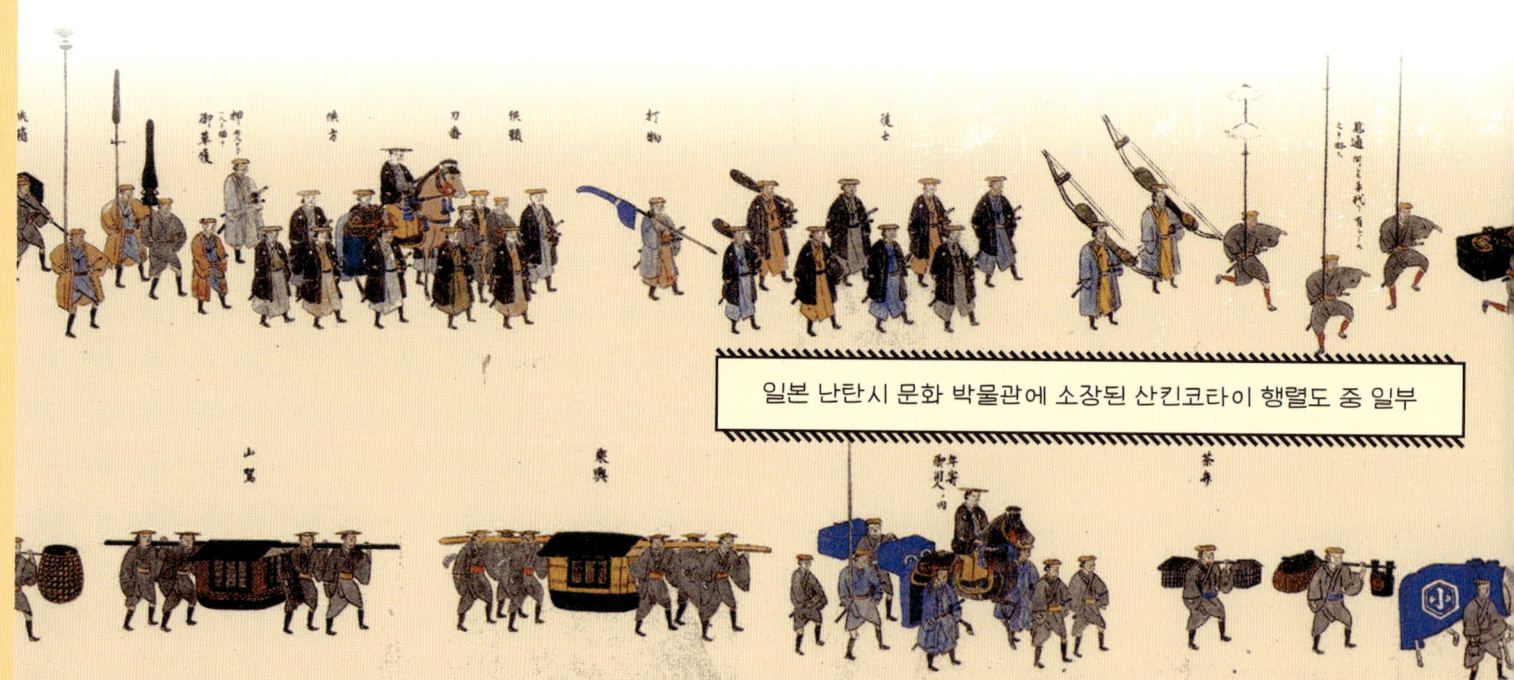

일본 난탄시 문화 박물관에 소장된 산킨코타이 행렬도 중 일부

다이모들이 수백 명에 이르는 수행원들을 이끌고 에도를 향해 가면서
도로가 생겨나고 그 길을 따라 상점과 시장이 발달하게 되었지.
다이묘와 그 수행원들은 에도에 머무르며 많은 돈을 썼어.
이들에게 물건을 팔거나 돈을 빌려주던 상인들이 크게 활약했고,
에도는 더욱더 번영하면서 정치와 경제, 문화의 중심지가 되어 갔지.

| 에도 시대의 가부키 공연장을 묘사한 우키요에 그림 | 우키요에 작품인 〈후지산 36경〉 그림 중 하나 |

에도 시대에는 그 어느 때보다 도시와 상업이 발전했어.
에도, 교토, 오사카는 전국을 잇는 주요한 도시가 되었지.
도시에 살던 상인들을 '조닌'이라고 부르는데, 조닌 문화가 널리 퍼진 게 이때야.
특히 춤, 노래, 연기가 어우러진 연극 공연 '가부키'가 큰 인기를 끌었어.
'우키요에'라는 판화 그림도 유행했지. 이 당시 나가사키에 드나들던 네덜란드 상인들이
일본의 도자기를 유럽에 내다 팔았는데, 이 도자기를 포장하기 위해 사용된 종이에
우키요에가 그려져 있곤 했대. 이렇게 일본의 우키요에를 접한 당시 유럽 화가들이
이 그림의 영향을 받기도 했다니, 참 재미있는 이야기지.

글 박혜정

성균관대학교 역사교육과에서 공부했습니다. 중학교에서 역사를 가르치며 학생들과 세계사의 재미를 나누고 있습니다. 두 아이의 엄마로, 아이를 무릎에 앉혀 놓고 그림책을 읽어 주던 때가 인생에서 빛나던 시절 중 하나라 여기고 있습니다.

그림 김옥재

인천에서 태어나 세종대학교에서 한국화를 공부하였고, 현재 프리랜서 일러스트레이터로 활동하고 있습니다. 그림책, 교과서, 사보, 광고 등에 그림을 그렸으며, 그린책으로 《한글꽃을 피운 소녀 의병》, 《도둑 잡는 도둑, 청길동》, 《독립군이 된 세 친구》, 《격쟁을 울려라!》 등이 있습니다.

나의 첫 세계사 11 — 천황과 무사의 나라 일본

1판 1쇄 발행일 2023년 5월 29일

글 박혜정 | **그림** 김옥재 | **발행인** 김학원 | **편집** 박현혜 | **디자인** 박인규
저자·독자 서비스 humanist@humanistbooks.com | **용지** 화인페이퍼 | **인쇄** 삼조인쇄 | **제본** 영신사
발행처 휴먼어린이 | **출판등록** 제313-2006-000161호(2006년 7월 31일) | **주소** (03991) 서울시 마포구 동교로23길 76(연남동)
전화 02-335-4422 | **팩스** 02-334-3427 | **홈페이지** www.humanistbooks.com

글 ⓒ 박혜정, 2023 그림 ⓒ 김옥재, 2023
ISBN 978-89-6591-510-2 74900
ISBN 978-89-6591-460-0 74900(세트)

- 이 책은 저작권법에 따라 보호받는 저작물이므로 무단 전재와 무단 복제를 금합니다.
- 이 책의 전부 또는 일부를 이용하려면 반드시 저작권자와 휴먼어린이 출판사의 동의를 받아야 합니다.
- **사용연령 6세 이상** 종이에 베이거나 긁히지 않도록 조심하세요. 책 모서리가 날카로우니 던지거나 떨어뜨리지 마세요.